JOH. SEB. B

FÜNFZEHN ARIEN
AUS KANTATEN
FÜR
TENOR

AUSGEWÄHLT VON
KARL STRAUBE

HERAUSGEGEBEN VON
MAX SCHNEIDER

BEARBEITUNG EIGENTUM DES VERLEGERS

C. F. PETERS
FRANKFURT · LONDON · NEW YORK

10136

Vorbemerkung

In den nachstehenden Klavierauszügen wurde die Continuo=Begleitung, soweit es die Spielbarkeit zuließ, ausgeschrieben und durch kleinen Stich als unverbindlicher Zusatz des Unterzeichneten erkennbar gemacht. Mit Ausnahme der Vorschläge rühren alle klein= gedruckten Noten, die eingeklammerten Vortragsandeutungen nebst den *crescendo=* und *decrescendo=*Zeichen nicht von Bach her.

Die vorkommenden Verzierungen sind, wo es notwendig erschien, an Ort und Stelle anmerkungsweise erläutert. Alle gehören zum Werte der Hauptnote und müssen betont werden.

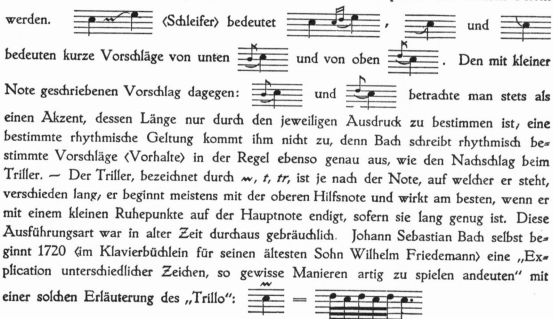

⟨Schleifer⟩ bedeutet ... , ... und ... bedeuten kurze Vorschläge von unten ... und von oben ... . Den mit kleiner Note geschriebenen Vorschlag dagegen: ... und ... betrachte man stets als einen Akzent, dessen Länge nur durch den jeweiligen Ausdruck zu bestimmen ist, eine bestimmte rhythmische Geltung kommt ihm nicht zu, denn Bach schreibt rhythmisch be= stimmte Vorschläge ⟨Vorhalte⟩ in der Regel ebenso genau aus, wie den Nachschlag beim Triller. — Der Triller, bezeichnet durch ⁓, *t*, *tr*, ist je nach der Note, auf welcher er steht, verschieden lang, er beginnt meistens mit der oberen Hilfsnote und wirkt am besten, wenn er mit einem kleinen Ruhepunkte auf der Hauptnote endigt, sofern sie lang genug ist. Diese Ausführungsart war in alter Zeit durchaus gebräuchlich. Johann Sebastian Bach selbst be= ginnt 1720 ⟨im Klavierbüchlein für seinen ältesten Sohn Wilhelm Friedemann⟩ eine „Ex= plication unterschiedlicher Zeichen, so gewisse Manieren artig zu spielen andeuten" mit einer solchen Erläuterung des „Trillo":

Max Schneider

Abkürzungen: *Bc.* ⟨Basso continuo⟩, *Str.* ⟨Streicher: Violino 1., 2, Viola, Violoncell, Kontrabaß⟩, *Fl.* ⟨Flauto⟩, *Fl. trav.* ⟨Flauto traverso⟩, *Ob.* ⟨Oboe⟩, *Ob. d'am.* ⟨Oboe d'amore⟩, *Fag.* ⟨Fagotto⟩, *Viol.* ⟨Violino⟩, *Viol. conc.* ⟨Violino concertante⟩, *Viola d'am.* ⟨Viola d'amore⟩, *l. H.* ⟨linke Hand⟩, *r. H.* ⟨rechte Hand⟩.

Inhalt

Band III Arien für Tenor

Band IV Arien für Baß

Arie

aus der Kantate Nr. 7: Christ, unser Herr, zum Jordan kam

J. S. Bach

Rezitativ *(schlicht erzählend)*

Dies hat Gott klar mit Worten und mit Bildern dar-ge-tan, am Jor-dan ließ der Vater of-fen-

bar die Stimme bei der Tau-fe Chri-sti hö-ren; er sprach: Dies ist mein lie-ber Sohn, an

(mit ruhigem Ausdruck, nicht zu breit)

die-sem hab ich Wohl - ge-fal - len, er ist vom ho-hen Him-mels-thron der

Welt zu gut in nie-dri-ger Ge-stalt ge - kom-men und hat das Fleisch und Blut der Menschenkinder an-ge-

nommen; den neh-met nun als eu-ren Hei-land an und hö-ret sei-ne teu-ren Leh-ren.

Arie *(Belebt, doch ohne Hast)*

Des Va - ters Stim - me ließ sich hö - - - - ren, ließ sich

hö - ren, des Va-ters Stimme ließ sich hö - ren, des Va-ters Stimme ließ sich

hö - ren, der Sohn, der uns mit Blut er - kauft,

(cre -

ward als ein wah - - - -

scen - do)

(p)

- rer Mensch ge - tauft,

der Sohn, der

Cemb.

da - mit wir

oh - ne Zwei - - - - - - - - - - - - - - - - fel

Cemb.
p

glau - ben, da - mit wir oh - ne Zweifel glau - ben, da - mit wir oh - ne Zweifel

Viol.

glau - ben, da - mit wir oh - ne Zwei - fel glau - ben, oh - - ne Zwei - -

- fel, oh - ne Zwei - - - - - - - - fel glau - ben,

(cre - - scen - - do)

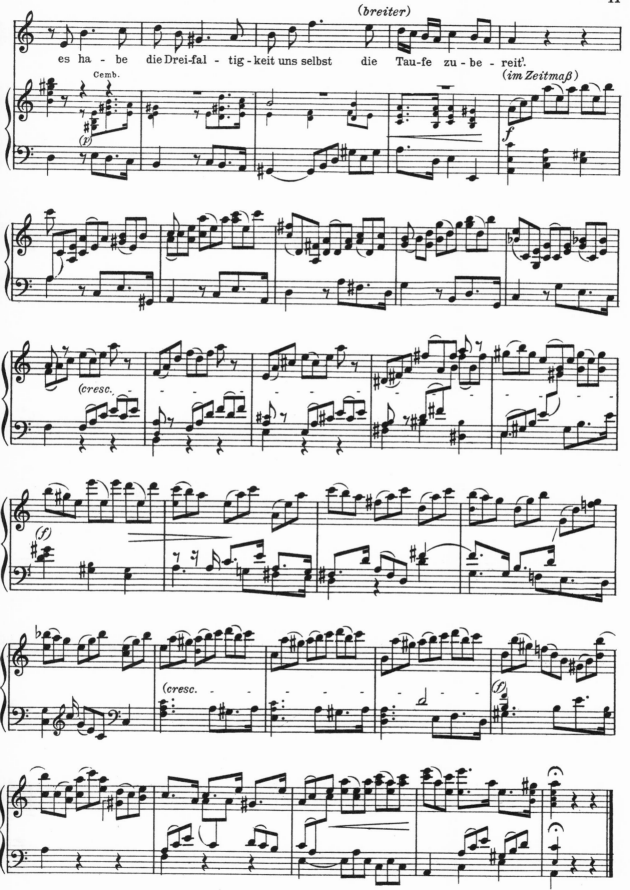

es ha - be die Drei-fal - tig - keit uns selbst die Tau-fe zu - be - reit'.

Arie

aus der Kantate Nr. 13: Meine Seufzer, meine Tränen

Tenor

Mei - ne Seuf-zer, mei - ne Trä-nen kön - nen nicht zu zäh - len

* Ohne Nachschlag

sein,

mei - ne Seuf - zer, mei - ne Trä - nen kön - nen nicht zu zäh - len

sein, mei - ne Seuf - zer, mei - ne Trä - nen,

mei - ne Seuf - zer, mei - ne Trä - nen kön - nen nicht zu zäh - len

(nicht schleppen)

sein, mei - ne Seuf - zer, mei - ne

Trä - - - - - - - - - nen kön - nen nicht zu zäh - len

sein, mei - ne Seuf - zer, mei - ne Trä - nen kön-nen nicht zu zäh - len

sein,

wenn sich täg - lich Weh - mut fin - det,

und der Jam - mer nicht ver - schwin - det,

ach! so muß uns die - se Pein

schon den Weg zum To - de bah - - nen,

* Ohne Nachschlag
Edition Peters

wenn sich täg-lich Weh-mut fin-det, und der Jam-mer nicht ver-

schwin - - - - - det, ach! so

muß uns die - se Pein _____ schon den Weg zum To - de bah - -

nen, ach! _____ so muß _____ uns die - se Pein schon den Weg zum

To - - de bah - - - nen. *(Erstes Zeitmaß)*

(breiter)

Arie

aus der Kantate Nr. 17: Wer Dank opfert, der preiset mich

Rezitativ (*schlicht*)

Ei-ner a-ber un-ter ih-nen, da er sa - he, daß er gesund worden war, keh-re-te um und prei-se-te Gott mit lau-ter Stim - me, und fiel auf sein An - ge-sicht zu seinen Fü-ßen, und dan - ke-te ihm, und das war ein Sa-ma-ri-ter.

Arie (*Freudig bewegt*)

* Ohne Nachschlag
** Siehe die Vorbemerkung

Edition Peters

18

* Ohne Nachschlag

Gü - - te schenkst du mir!

doch was gibt mein Ge - mü - te dir____ da-

für? doch was gibt mein Ge - mü - te, was gibt mein Ge - mü - te dir da-

für? doch was gibt mein Ge - mü - te, doch, doch was gibt mein Ge-mü - te dir da-

Cemb.

Viol.

* Ohne Nachschlag
Edition Peters

10136

Lyrics under the music:

singen, ich weiß sonst nichts zu bringen, ich weiß sonst nichts, ich weiß sonst nichts zu

brin-gen, als dir Dank und Lob _____ zu sin - gen.

Performance markings:

(mf) l.H. (p)

(breiter werdend)

(Im Zeitmaß.)

f

(p)

(f)

(p)

(breiter)

* Ohne Nachschlag
** Siehe die Vorbemerkung

Arie

aus der Kantate Nr. 20: O Ewigkeit, du Donnerwort

Kein Un-glück ist in al-ler Welt zu fin-den, das e - - wig dau-ernd sei: es muß doch end-lich mit der Zeit ein-mal ver-schwinden. Ach! a-ber ach! die Pein der E-wig-keit hat nur kein Ziel; sie trei-bet fort und fort ihr Mar-ter-spiel, ja, wie selbst Je-sus spricht, aus ihr ist kein' Er-lö-sung nicht.

* Siehe die Vorbemerkung

Edition Peters

Tenor

E - - - - - - - wig-keit, du machst mir

ban - - - - - - - - - - - - - - ge:

e - - - - - - - - - - - - - - - - wig, e - wig ist zu

lan - - - - - ge! Ach! hier gilt fürwahr kein Scherz, ach

Cemb.

* Ohne Nachschlag
** Siehe die Vorbemerkung

hier gilt für-wahr kein Scherz, ach hier gilt für-wahr kein Scherz.

Flam - - - - - - -

- men, die auf e - wig bren - - - - - - - - - -

- nen, ist kein Feu -

-er gleich ___ zu nen-nen, Flam - - - men, die auf e - - - - - wig bren-nen, ist kein Feu - - er gleich zu nen - nen;

es er-schrickt und bebt mein Herz,

es erschrickt und bebt ___ mein Herz, wenn ich die-se Pein be-

(etwas breiter)

(Im Zeitmaß)

den - - - - - - - - - - - - - -

- ke, wenn ich die-se Pein _____ be-

den-ke und den Sinn zur Höl-len len - ke.

(etwas breiter)

Cemb.

(etwas breiter)

(im Zeitmaß)
Str.

Arie

aus der Kantate Nr. 65: Sie werden aus Saba alle kommen

Verschmä-he nicht, du mei-ner See-le Licht, mein Herz, das ich in De-mut zu dir bringe. Es schließt ja sol-che Din-ge in sich zu-gleich mit ein, die deines Geistes Früchte sein. Des Glau-bens Gold, der Weih-rauch des Ge - bets, die Myr-rhen der Ge-duld sind mei-ne Ga-ben, die sollst du, Je-su, für und für zum Ei-gen-tum und zum Ge-schen-ke ha-ben. Gib a - ber dich auch sel-ber mir, so machst du mich zum Reichsten auf der

Erden; denn, hab ich dich, so muß des größten Reichtums Ü-ber-fluß mir dermaleinst zum Himmel werden.

Arie (*Mäßig bewegt*)

al - les,

al - les, was ich bin, was ich re - - de,

tu und den - ke, was ich re - - de, tu und

den - ke, soll, mein Hei - land, nur al - lein dir zum

(wenig breiter; im Zeitmaß)

Dienst ge-wid-met sein!

dir zum Dienst ge-wid - met sein.

Arie

aus der Kantate Nr. 75: Die Elenden sollen essen

(weich)

Mein Pur - -

Cemb.
(p)

- pur ist sein teu-res Blut, er selbst mein al-ler-höch-stes Gut; mein Purpur ist sein

Ob.

teu - res Blut, er selbst mein al - ler - höchstes Gut, _____ er selbst mein _____

al - ler - höch - stes Gut,

Ob. Str.

(cre - - - - scen - -

und sei - nes Gei - - stes Lie - bes -
glut, und sei-nes Gei-stes Lie-besglut, mein al-ler-süß'-ter
Freu - - - - - denwein, mein al-ler-süß'-ter Freu-den-
wein. Mein Je-sus soll mein Al - - - - -
- les, soll mein Al-les sein, mein Je-sus soll mein Al - les sein.

Dal segno al

Arie

aus der Kantate Nr. 85: Ich bin ein guter Hirt

Rezitativ *(ruhig, aber nicht schleppen)*

Tenor

Wenn die Miet-lin-ge schlafen, da wachet dieser Hirt bei seinen Scha-fen, so, daß ein je-des in gewünschter Ruh die Trift und Wei-de kann ge-nießen, in welcher Le-bensströ-me flie-ßen, denn, sucht der Höl-len-wolf gleich ein-zudringen, die Scha-fe zu verschlingen, so hält ihm die-ser Hirt doch seinen Rachen zu.

Arie *(In ruhigem Fluß, sehr innig)*

Viol.1.2.Viola unis.
B.cont.

Tenor

Seht! Seht! Seht, was die Lie-be tut!

seht, was die Lie-be tut, was die Lie-be tut, seht, was die Lie-be tut!

(zuversichtlich)

Mein Je - sus hält _____ in zar - ter Hut die Sei-nen fe -

- ste ein - ge - schlos - - sen, mein Je - sus hält _____ in zar - ter

(wenig breiter) (im Zeitmaß)

Hut＿＿＿＿＿ die Seinen fe - - ste ein-geschlos - sen.

Er hat am Kreu - - - zes-stamm ver-

gos - - - - - sen für sie＿＿ sein teures Blut,＿

＿ er hat am Kreuzes-stamm ver-gos - - - - - sen für

sie ___ sein teu-res Blut, sein teu-res Blut, am Kreuzes-stamm für

(etwas breiter)   *(im Zeitmaß)*

sie sein teu - - res Blut.   Seht!   Seht!

(p)

Seht, was die Lie-be tut!   seht, was die Lie-be tut, was die Lie-be

(breiter)

tut, seht, was die Lie-be tut!

(im Zeitmaß)

Arie

aus der Kantate Nr. 87: Bisher habt ihr nichts gebeten

(Entschlossen, mit starker Empfindung)

8.

Str. B.cont. (f)

Tenor.

Ich will lei - den,

ich will schwei-gen, ich will lei - - - den, ich will schwei -

- -gen, Je-sus wird mir Hilf er - zei - gen; ich ___ will

* Ohne Nachschlag

* Ohne Nachschlag

Dal segno al 𝄌

Arie

aus der Kantate Nr. 93: Wer nur den lieben Gott läßt walten

Man hal-te nur ein we-nig stil-le, wenn sich die Kreu-zes-stun-de naht,

denn uns-res Got - tes Gna-den-wil - le ver-läßt uns nie___ mit Rat und Tat.

(nicht schleppen)

Gott, der die Aus - er - wähl - ten kennt, Gott, der sich

uns ein Va - ter nennt, wird end - lich al - len

Kum - mer wen - den und sei - nen Kin - dern Hil - fe

sen - den, Hil - fe sen -

47

den, und sei - -nen Kin-dern Hil -

_ fe sen - -den. *(im Zeitmaß)* Orch.

(breiter)

Cemb.

* Siehe die Vorbemerkung
Edition Peters

10136

Arie

aus der Kantate Nr. 95: Christus der ist mein Leben

Rezitativ *(nicht zu langsam, eindringlich)*

Ach! könn-te mir doch bald so wohl ge-schehn, daß ich den Tod, das En-de al-ler Not, in mei-nen Glie-dern könn-te sehn, ich woll-te ihn zu mei-nem Leib-ge-din-ge wäh-len, und al-le Stunden nach ihm zäh-len.

Arie *(Ohne Hast)*

2 Ob. d'amore

Viol.
Str. pizz.

B. cont. pizz.

schlag!
(im Zeitmaß)

Komm! komm,

komm, ich reiche dir die Hän - de, komm, ma-che mei-ner Not ein En - de,

Ob.d'am.

Str.

du längst er - seufzter, du längst er - seufz - ter Ster - benstag, du längst erseufzter Sterbens-

tag.

Komm, komm, ich reiche dir die

Hän - de, komm, ma - che mei - ner Not ein En - de, du längst er-

seufzter, du längst er - seufz - ter Ster - bens - tag, du längst er - seufz - ter Ster - bens -

tag, du längst _____ er - seufz - ter Ster - bens - tag.

Da capo al 𝄐

Arie

aus der Kantate Nr. 134:   Ein Herz, das seinen Jesum

Gläu - bi-ge, sin - get die lieb - li-chen Lie-der, auf, Gläu-bi-ge, sin-get die

lieb-li-chen Lie - - - - - - der, auf! auf!

auf, Gläu-bi - ge, sin - get die

lieb-li - chen Lie - - - - - - (nicht eilen) - der, auf,

auf! auf, auf! auf, auf! euch scheinet ein herr-lich er -

Gläu - bi - ge, sin - get die lieb - li - chen Lie - der, euch schei -

- - - - net ein herr - lich er - neu - e - tes Licht, auf, auf, auf! auf, auf,

auf! auf, auf, auf!

* orig.
Edition Peters

Op - fer be - rei - ten, be - zah - let dem Höch - sten mit Dan - ken die

Cemb.

Pflicht, dem_____ Höch - sten, dem Höch - sten, be -

Orch.

(f)

(mf)

zah - let dem Höch - sten mit Dan - ken die Pflicht, dem

Höch - sten, be - zah - let dem Höch - sten mit Dan - ken die

(mf)

(etwas breiter _ _ tr- _ _ _)

Pflicht,_____ be - zah - let dem Höch - sten mit Dan - ken die Pflicht!

Cemb.

Orch.

(f)

Dal segno al 𝄐

Arie

aus der Kantate Nr. 153: Schau, lieber Gott, wie meine Feind

* Ohne Nachschlag
Edition Peters

ihr Flu-ten, auf mich los, stürmt nur, stürmt, ihr Trübsalswet-ter,

wallt, ihr Flu-ten, auf mich los,

stürmt nur, stürmt, ihr Trübsalswetter, wallt,

(breiter)

ihr Fluten, auf mich los!

(im Zeitmaß)

Schlagt, ihr Un-glücks - flam - -

* Ohne Nachschlag

Arie

aus der Kantate Nr. 161: Komm, du süße Todesstunde

Rezitativ *(nachdrücklich, nicht schleppen)*

13.

letz-ten To - - des-stun - de.   Ich ha - be Lust, bei Christo bald zu

wei-den,   ich ha - be Lust von dieser Welt zu scheiden.

Arie *(Etwas drängend)*

Mein Ver - lan - gen,   mein_ Ver-

lan-gen ist,   den Heiland zu um-fan - gen   und bei Chri - sto

bald zu__ sein. *(im Zeitmaß)*

Ob ich sterb - lich

Asch und Er - de durchden Tod zer - mal - - - - - met wer - de, wird der See - le

rei - ner Schein den - noch gleich__ den En - geln pran -

gen,

den-noch gleich den En - geln pran - gen.

(breiter)

(im Zeitmaß)

(f)

Ob ich sterb - lich Asch und Er - de durch den Tod zer -

(p)

(tr)

mal-met wer - de, wird der See - le rei - ner Schein den-noch

(p)

gleich den En - geln pran - gen, den-noch gleich den En - geln pran - gen.

Da capo al 𝄐

Arie

aus der Kantate Nr. 167: Ihr Menschen, rühmet Gottes Liebe

Ihr Menschen, rüh-met Got-tes Lie - - - - be, ihr Menschen, rühmet Gottes

Lobt ihn aus rei-nem Her-zens - trie-be,

lobt ihn aus rei-nem Herzenstriebe, aus rei - -nem Herzens - trie - be, daß er uns zu bestimmter

Zeit, daß er uns zu be-stimm - ter Zeit das Horn des Heils, den Weg zum Le - ben, das Horn des

Heils, den Weg zum Le-ben an Je - - su, sei-nem Sohn, ge-ge - ben.

Lobt ihn aus rei-nem Herzenstrie-be, daß er uns zu bestimmter Zeit das Horn des

(ein wenig breiter)

Heils, den Weg zum Leben an Je - su, sei - - nem Sohn, ge-ge - ben. *(im Zeitmaß)*

Ihr Menschen, rühmet Got - tes Lie - - - -

- be, ihr Menschen, rühmet Gottes Liebe und preiset sei - ne Gü - tig-keit; ihr Menschen, rühmet

Got - -tes Lie-be, ihr Menschen, rüh - met Got-tes Liebe und preiset sei - ne Gütig-

keit, prei - - - - - - - - - set sei - -ne Gütig-

(steigern)   *(breiter)*

keit, ihr Menschen, rühmet Got-tes Liebe und preiset sei - ne Gü - tig-keit.

(im Zeitmaß)

Arie

aus dem Oster - Oratorium（Kommt, eilet und laufet）

(Ruhig, schwebend)

15.

Tenor

Sanf - te soll mein To - - des-kum - mer nur ein Schlum - -

* Kurzer Triller ohne Nachschlag
Edition Peters

-mer, Je-su, durch dein Schweißtuch sein;

sanf-te__ soll__ mein To - des-kum - mer

nur ein Schlum - - - - - mer, nur ein Schlum -

-mer, Je-su, durch dein Schweißtuch sein, nur ein Schlum -

-mer! Sanf-te__ soll__ mein To - des-kum - mer

nur__ ein Schlum - - - mer, Je - su, durch dein Schweißtuch sein.__

(breiter)

(im Zeitmaß)

Cemb.

Orch.

(ein wenig lebhafter)

Ja,__ das wird mich dort er - fri - schen, und die Zäh - ren mei - ner

★

(p)   *(mf)*

Pein von den__ Wan - gen tröst - lich wi - schen, ja, das wird mich

(weich)

* Der kleine Bogen bedeutet einen kurzen Vorschlag von oben

dort er - fri - schen, und die Zäh - ren mei - ner Pein von den Wan - gen

tröstlich wi - schen, und die Zäh - ren mei - ner Pein, die

Zäh - ren mei - ner Pein von den Wan - gen

tröst - lich wi - schen, von den Wangen tröstlich wi - schen.

Cemb.

(erstes Zeitmaß)
Orch.

Sanf - te — soll — mein To - - des-kum - mer nur ein Schlum - -

Cemb. Orch.

p

- - - - - - - mer, Je - su, durch dein Schweiß - tuch

Cemb.

* Der kleine Bogen bedeutet einen kurzen Vorschlag von oben
Edition Peters
10136
Dal segno al 𝄐